글쓴이 **김산하** · 그린이 **김한민**

산하와 한민은 어렸을 때부터 동물을 많이 키웠어요. 시장이나 수족관에서 물고기를 사 오기도 하고, 직접 숲이나 개울가에서 곤충을 잡기도 했죠. 동물 기르는 방을 따로 만들어서 그 안에 동물을 잔뜩 모아 놓기도 했어요. 밤이면 귀뚜라미, 여치, 개구리 소리가 집 안 가득 울려 퍼졌답니다. 매일 먹이를 주고 물을 갈아 주는 일이 때로는 힘들고 귀찮기도 했지만 언제나 동물을 가족처럼 대해 왔어요. 지금도 청거북, 남생이, 자라 그리고 강아지 한 마리와 오순도순 살고 있지요. 형은 동물을 항상 가까이에서 보며 공부했고, 동생은 동물의 재미있는 모습을 그림으로 표현하곤 했어요. 「STOP!」 시리즈는 늘 곁에 있는 동물들과 마음속으로 친근한 얘기를 나누도록 만들어진 책이에요. 3권 『동물들이 이야기하는 법』에서는 바로 그런 동물들끼리의 이야기를 만나 봐요!

❸ 동물들이 이야기하는 법

1판 1쇄 펴냄―2006년 11월 10일, 1판 8쇄 펴냄―2020년 12월 17일
글쓴이 김산하 그린이 김한민 펴낸이 박상희 펴낸곳 (주)비룡소 출판등록 1994. 3. 17. (제16-849호)
주소 06027 서울시 강남구 도산대로1길 62 강남출판문화센터 4층
전화 영업 02)515-2000 팩스 02)515-2007 편집 02)3443-4318~9 홈페이지 www.bir.co.kr
제품명 어린이용 각양장 도서 제조자명 (주)비룡소 제조국명 대한민국 사용연령 3세 이상
ⓒ 김산하, 김한민 2006 Printed in Seoul, Korea.
ISBN 978-89-491-5186-1 74490 / 978-89-491-5183-0(세트)

* 이 책은 자원의 순환과 환경 보호에 기여하기 위해 재생종이와 콩기름 잉크를 써서 만들었습니다.
책 뒤표지에는 한국간행물윤리위원회가 인증하는 녹색출판 마크를 실었습니다.

스톱! 주문을 외치면 시작되는 동물들의 과학 토크쇼

"STOP!"
❸ 동물들이 이야기하는 법

김산하 글 · 김한민 그림

비룡소

등장인물 소개

지니
동물 모자를 즐겨 쓰는 우리의 주인공! 동물들과 얘기를 나눌 수 있는 신비한 능력이 있어요. 모험심이 가득하고 상상력이 풍부하죠. 게임 속으로 들어가 동물들과 만나는 상상도 해요. 자기만의 상상 토크쇼를 열어, 동물들을 초대하지요.

엘리
늘 지니와 함께하는 친구예요. 평범한 뱀 인형처럼 보이지만, 사실 엘리는 메두사의 머리카락 뱀 중 하나였어요.

★★★ 지니의 신비한 능력 ★★★

하나!
딱 5분 동안 모든 걸 멈출 수 있어요! 물론 'STOP!'이라고 주문을 외치는 걸 잊으면 안 되겠죠?

둘!
생명이 깃든 것과는 뭐든지 같이 이야기할 수 있어요! 지니가 그러는데요, 곤충들은 알고 보면 참 수다쟁이래요.

셋!
지니는 상상의 세계에서 마음껏 뛰어놀 수 있어요. 지니에겐 평범한 세상도 이렇게 재미있게 보인답니다.

라몽
지니네 반에서 가장 힘이 센 친구.
특이한 애완동물을 사기 위해 스스로 용돈을
모으는 기특한 면도 있어요.

민지
라몽의 동생. 아직 어리지만 라몽의 동생답게
거미도 무서워하지 않죠.

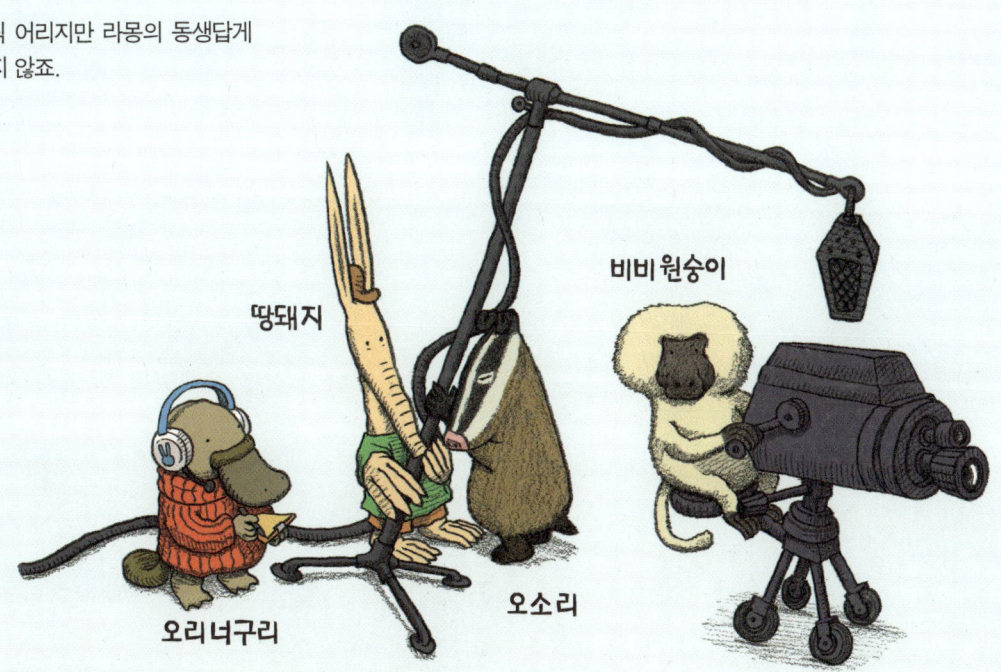

토크쇼의 제작진들
지니의 상상 토크쇼에 등장하는 제작진. PD인 오리너구리, 조명 담당 땅돼지, 카메라맨 비비원숭이 그리고 잡일을 맡은 유럽오소리는 지니에게 없어서는 안 될 친구들이에요. 사실 이 네 친구는 지니 방에 있는 동물 인형들이 잠시 살아난 거랍니다!

제1화 신기한 동물 가게

지니는 놀이터에서 엘리와 함께 놀고 있었어요.
라몽을 만나기로 약속했거든요.
라몽은 언제나 그렇듯이 약속 시간이 한참 지나서야 나타났어요.

"나 오늘 용돈 벌었다!
옆집 할머니네 개를 일주일 동안
산책시켰거든."

라몽이 우쭐거리며 말했어요.

라몽은 지니한테 함께
쇼핑센터에 가자고 말했어요.

"드디어 애완동물 가게에 타란툴라 거미가 들어왔대!"

쇼핑센터는 동네에서 사람들이 가장 많이 붐비는 곳이에요.
서점, 장난감 가게, 음식점, 옷 가게 등 없는 가게가 없지요.
지니도 엄마를 따라 몇 번 온 적이 있어요.

애완동물 가게는 지니가 가장 맘에 들어 하는 곳이에요.
지니가 좋아하는 동물들이 가득 있으니까요.

라몽은 곧바로 주인아저씨한테 가서 타란툴라 거미가 있는지 물어보았어요.

지니는 가게 안을 두리번거리다가 도마뱀 한 마리를 발견했지요.

방울 소리가 나면 얼른 몸을 피해야 해. 위험을 알리는 신호거든.

아, 그렇구나. 미리 알아챘어야 하는 건데.

동물 세계에서는 살아남기 위해 신호를 잘 구별해야 해. 아까 내가 막 팔굽혀펴기를 했던 것 기억하니? 그것도 도마뱀들끼리 주고받는 일종의 신호야.

그래요? 무슨 뜻인데요?

그건 상황에 따라 달라. 주위에 아무도 없을 때, 내 영역 안에 있는 큼직한 바위에 올라가서 천천히 팔굽혀펴기를 하잖아? 그 신호는 "여기는 내 영역이니 함부로 들어오지 마!" 라는 뜻이야. 멀리서 누가 볼지도 모르니까.

신호 ❶: 여기는 내 영역이야!

만약 다른 수컷 도마뱀이 건방지게 내 영역 안으로 들어오면, 녀석 앞으로 마구 달려가 계속 팔굽혀펴기를 해. 그래도 도망가지 않으면 다른 신호를 같이 보내지. 몸을 부풀려서 배 부분의 파란색을 보이는 거야. 거기에다 허리를 구부리고 꼬리도 세우면 웬만한 녀석들은 모두 도망가지!

신호 ❷: 내 영역에서 당장 나가!

암컷이 오면 어떻게 해요?

좋은 질문이야!
암컷들한테는 파란색을 보이면 안 돼. 겁을 주는 줄 알고 무서워서 도망가거든. 그래서 꼬리도 내리고 5~9번 빠르게 팔굽혀펴기를 하지. 내가 마음에 들면 같이 짝짓기를 하자는 뜻이야.

수컷 도마뱀   암컷 도마뱀

신호 ❸: 나랑 짝짓기를 하자!

도마뱀들의 신호는 참 재미있네요.

← 파랑

수컷 도마뱀의 배는 파란색이에요.

다른 동물들의 신호도 재미있어. 건너편에 어항이 보이지? 저기에 사는 흰발농게는 집게발로 신호를 보내. 집게발을 흔들면 암컷들더러 자기한테 오라는 뜻이야. 대신 집게발로 땅을 두들기면 다른 수컷들보고 조심하라는 얘기지.

흰발농게 님, 안녕하세요!

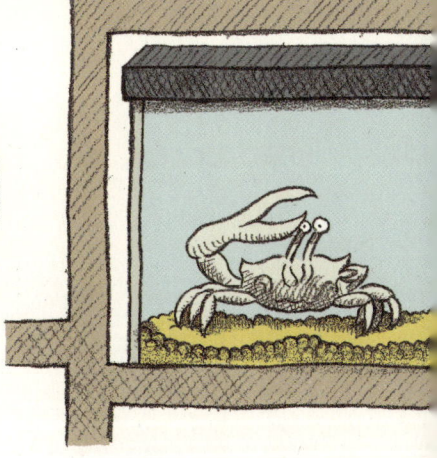

소용없어. 농게는 소리를 못 듣거든. 그래서 소리 대신 다른 방법으로 신호를 보내는 거야. 농게끼리는 서로 알아볼 수 있도록 말이야.

그렇구나. 그럼 나도 손을 흔들어 줘야지.

소리로 신호를 주고받는 동물들도 많죠?

그럼. 특히 새들이 소리를 잘 이용하지. 어디, 오늘도 까치 형이 왔는지 한번 볼까?

형! 이 아가씨한테 까치들의 신호에 대해서 설명 좀 해 줘요.

얼마든지! 아주 귀여운 꼬마 아가씨로구나. 우리 까치들은 여러 가지 소리를 낸단다. 암컷한테 잘 보이기 위해서는 긴 소리를, 위험한 동물이 나타났을 때는 짧은 소리를 내지. 어떤 때는 소리를 질러 주변에 있는 까치들을 부르기도 한단다. 우리가 힘을 합치면 매도 쫓아낼 수 있거든.

저도 까치 소리는 많이 들어 봤어요.

하하, 그래? 그밖에도 암컷이 수컷한테 먹이를 조르는 소리도 있단다. 암컷은 알을 품어야 하니까 먹이를 찾아다닐 시간이 별로 없거든.

까치 형, 누가 형 영역 안에 들어오면 어떻게 하는지도 알려 줘.

음, 그럴까? 누가 내 영역으로 들어오면 일단 크게 소리를 지른단다. 그래도 안 되면 옆으로 나란히 걸으면서 상대방의 덩치를 살피지.

때로는 서로 마주 보고 하늘을 향해 고개를 쭉 뻗기도 해. 끝내 나가지 않으면 싸워야겠지만, 보통은 이쯤에서 도망을 가 버리지!

그런데 우리 까치들은 보통 누가 오기 전에 나무 꼭대기에 올라가서 경고 표시를 한단다.

새들도 여러 가지 신호를 사용하는구나!

동물들이 하고 싶은 얘기

동물들에게 가장 중요한 것은 짝짓기를 하는 일과 먹고사는 일이에요. 동물 신호는 대부분 이 두 가지를 하기 위해서 쓰인답니다.

동물들의 신호는 영역을 지키는 일에도 쓰여요. 영역을 지켜야만 먹이를 얻을 수 있고, 또 어떤 동물은 영역이 꼭 있어야만 짝짓기를 할 수 있거든요.

이처럼 신호는 동물들에게 가장 중요한 일을 해결하기 위해서 꼭 필요하답니다.

알아들을 수 있는 신호

신호는 다른 동물한테 잘 전달되어야 해요. 동물마다 보고, 듣고, 느끼는 능력이 아주 다르기 때문에 서로 알아들을 수 있는 신호여야 하죠.

신호는 동물이 사는 환경에 따라 달라요. 숲 속에서는 눈으로 보기 어려우니까 소리가 더 좋아요. 대신 사막에서는 눈에 보이는 신호도 잘 전달되겠죠.

신호를 잘 보내고 잘 받기

신호를 잘 이해하면 그만큼 편해져요. 신호가 무슨 뜻인지를 알면, 시간과 노력을 아낄 수 있거든요. 상대방이 나보다 힘이 세다는 걸 미리 알아채면 싸우지 않는 게 더 낫잖아요? 또 위험 신호를 알면 몸을 잘 숨길 수도 있고요. 신호를 잘 주고받는 동물이 잘 살 수 있답니다.

동물은 누구나 다른 동물들과 같이 살아가요.
하지만 서로 원하는 것이 다를 수 있죠. 서로가 어떤 상태인지를 알고
행동하기 위해서는 신호가 꼭 필요해요.
동물들은 신호 덕분에 불필요한 다툼을 줄이면서 살 수 있는 거예요.

제2화 동물 퀴즈 게임

타란툴라 거미는 다행히 아직 팔리지 않았어요.

주인아저씨는 라몽에게 거미를 키우는 방법을
친절하게 알려 주었어요.

거미는 생각보다 굉장히 컸어요.
아마 우리 동네에서 이보다 더 멋진 애완동물은 없을 거예요.

지니와 라몽은 거미를 들고 애완동물
가게를 나왔어요. 지니가 말했어요.

"우리 장난감 가게에 가 보자."

라몽은 신이 나서 지니를 따라갔지요.

장난감 가게도 지니가 쇼핑센터에 오면 빼놓지 않고 들르는 곳이에요.
여러 가지 동물 인형을 구경할 수 있거든요.

지니와 라몽은 따로 구경하기로 했어요.
지니는 좋아하는 인형을 보러, 라몽은 오락을 하러 갔지요.

지니는 인형들을 구경하다가, 한 아이가 게임판을 앞에 두고
끙끙대고 있는 걸 보았어요.

지니는 게임에 대해 설명해 주었어요.

그때 갑자기 지니에게 좋은 생각이 났어요!

아이가 일본원숭이와 함께 한 번 쉴 동안 지니는 혼자서 퀴즈를 풀어야 했어요.

Q. 두 동물의 공통점은?

스컹크 독개구리

이건 알 거 같은데……. 혹시 다가가면 위험한 동물들 아닐까?

독개구리

이야, 맞았어요! 우리 독개구리들은 몸 색깔이 정말 화려하죠? 그건 바로 몸 안에 무서운 독이 들었다는 걸 알리는 거예요. 우리 몸속에 있는 독은 사람을 100명이나 죽일 수 있을 정도로 위험하거든요.

우리는 몸에 독은 없어도, 지독한 냄새가 나는 액체를 뿜어내요. 그냥 냄새가 안 좋은 정도가 아니에요. 한번 당하면 속이 메스꺼워서 견디지 못할 걸요? 눈에 맞으면 몇 시간 동안은 눈도 못 뜬답니다. 몸에 난 흰색과 검은색의 무늬도 우리를 함부로 건들지 말라는 신호라고 할 수 있죠.

스컹크

우리 주변을 둘러봐요.

신호등이 빨간 불일 때는 건너가면 안 돼요. 신호등이 노란색으로 바뀌면 조심해야 하고, 파란 불이 들어오면 길을 건너죠.
누가 옆에서 말로 설명하는 것도, 몸동작으로 보여 주는 것도 아니지만 우리는 신호등 불빛이 무슨 뜻인지 이해할 수 있어요.
조금만 둘러보면 아주 많은 신호들이 우리 주변에 있다는 걸 알 수 있을 거예요.

무늬도 색깔도 하나의 신호

동물들의 몸 색깔이나 무늬도 신호가 될 수 있어요. 몸 색깔이 눈에 띄거나, 무늬가 특이하게 생긴 동물들을 보세요. 뭔가 위험하다고 알리는 것일지도 몰라요. 아니면 아직 어른이 아니라는 얘기일 수도 있고요.
사실 동물들은 자기가 신호를 보내고 있는지 모를 수도 있어요. 그래도 주변의 동물들은 그 신호를 알아들을 수 있지요.

가짜 신호

동물들이 언제나 진짜 신호만 보내는 건 아니에요. 무서운 동물로부터 몸을 지키기 위해 가짜 신호도 보내죠.
위험한 동물과 비슷한 무늬를 하고 있으면 대부분 안전해요. 또 가짜 눈이나 가짜 더듬이로 다른 동물들을 헷갈리게 만들기도 하지요. 마치 죽은 척하는 것도 가짜 신호라고 할 수 있어요.

동물들이 꼭 몸짓이나 소리로 신호를 보내는 건 아니에요.
원래 갖고 있는 몸 색깔이나 무늬도 얼마든지 훌륭한 신호가 될 수 있죠.
동물 자신도 모르는 사이에 다른 동물에게 신호를 보내고 있는지도 몰라요.
동물의 모습 그 자체가 하나의 신호랍니다.

제3화 거미 소동

이제 집에 갈 시간이 다 되었어요. 지니는 라몽을 찾아 전자 오락기가 있는 곳으로 가 보았어요. 역시나 라몽 주위에는 아이들이 잔뜩 몰려 있었지요. 라몽이 또 실력 발휘를 하고 있었던 거예요.

라몽, 이제 집에 가자.

어, 잠깐만. 이 판만 이기고.

지니가 불렀지만 라몽은 듣는 둥 마는 둥 했어요.

라몽은 옆에 둔 거미 통을 보았어요.
그런데 통 뚜껑이 열려 있고, 거미는 온데간데없지 뭐예요!

라몽이 소리쳤어요.

그 순간 어딘가에서 비명이 들려왔어요.
지니와 라몽은 얼른 그쪽으로 달려갔지요.

거미는 텔레비전이 쭉 늘어선 곳을 지나 빠르게 기어가고 있었어요!
지니와 라몽도 재빨리 뒤따라갔지요.

지니는 텔레비전에 나오는 원숭이를 보느라
거미를 찾는 일은 까맣게 잊고 말았어요.

"아가씨는 아까 경고음을 못 들었군요. 우리는 무리 지어서 살아요. 가장 먼저 무서운 동물을 본 원숭이가 아주 크게 경고음을 내지요. 다른 원숭이들은 그 소리를 듣고 재빨리 숨는 거랍니다."

"아하, 위험하다는 걸 알리는 신호가 있구나."

"맞아요. 뿐만 아니라 위험한 동물이 누구인지도 알려 줄 수 있어요."

❶ 독수리가 공격할 때

독수리처럼 위에서 날아오는 동물이 보이면 원숭이들은 '구루룩' 하는 소리를 내요.
이 소리를 들으면 얼른 덤불 속으로 숨어야 하지요.
덤불 속에 있으면 독수리가 덤비지 못하거든요.

구루룩!

덤불

❷ 표범이 나타났을 때

만약 표범이 나타나면 보자마자 '아우아우' 소리를 내요. 그때는 절대로 덤불로 뛰어가서는 안 돼요. 표범이 몸을 숨기는 곳이 바로 덤불 속이거든요! 그때는 쏜살같이 나무 위로 올라가야 해요!

표범을 못 봤어도 소리만 듣고 나무 위로 가나요?

❸ 뱀이 나타나면

그럼요! 소리만으로 어떤 종류의 동물이 나타났는지 아는 거예요!
또 무시무시한 뱀이 보였다 하면 '부룩부룩' 하는 소리를 내요. 그럼 두 발로 일어서서 재빨리 바닥을 살펴야 해요. 잔디밭 사이 어딘가에 뱀이 있을지도 모르니까요!

1:40

아기 원숭이들도 경고음을 낼 줄 아나요?

저 할 줄 알아요!

아유, 그게 말이죠. 경고음을 낼 줄은 알지만 처음부터 잘하지는 못해요. 어릴 때는 멧돼지나 비둘기, 마라부황새처럼 위험하지 않은 동물을 보고도 경고음을 내요. 원숭이를 잡아먹지 않는 동물들도 많은데 말이에요. 어떤 때는 그냥 떨어지는 잎을 보고도 소리를 지른다니까요!

실수를 하면서 조금씩 배워 가는 아기 원숭이들

점점 자라면서 제대로 알게 돼요.

1. 조금 기다랗게 생겼으면 뱀 경고음을 내요. 막대기를 보고 뱀이라고 알릴 때도 있지요.

부룩부룩!

구루룩!

2. 위험하지 않은 새가 나는 걸 보고도 독수리 경고음을 내요.

"차근차근 가르쳐 주면 되잖아요?"

"원숭이들은 사람처럼 말로 가르치지 않잖아요. 어린 원숭이들은 어른 원숭이들을 잘 보고 따라하는 수밖에 없어요. 그리고 경고음을 맞게 냈는지는 어른들이 내는 소리를 듣고 확인할 수 있지요."

"앗, 엄마! 저건 뭐예요?"

"호호, 괜찮아. 마라부황새 아저씨란다. 아저씨한테 인사하렴!"

아프리카 마라부황새

"난 대체 왜 부른 거요? 한마디도 못 했잖아."

"그, 그게……."

"그럼, 안녕!"

아주 발달된 동물 신호

어떤 동물 신호는 아주 발달되어 있어요. 사람들의 말과 닮았을 정도지요.
원숭이들 중에는 놀라운 신호를 사용하는 경우도 있어요. 버벳원숭이는 공격하는 동물의 종류에 따라 여러 가지 경고음을 내요. 다른 원숭이들은 그 소리만 듣고도 어떤 동물이 공격하는지 알 수 있죠. 사람이 쓰는 단어하고 비슷한 면이 있는 거예요.

아이들은 배우고 익혀야

어린 원숭이들도 경고음을 내거나 알아들을 수 있어요.
하지만 처음부터 잘 하는 건 아니랍니다. 경고 신호를 잘못 알아듣고 엉뚱한 곳으로 피하기도 하죠. 또 위험한 동물이 아닌데도 경고음을 내기도 하고요. 어려운 신호인 만큼 배우고 익혀야 잘 사용할 수 있어요.

동물의 신호와 사람의 언어

동물의 신호가 아무리 복잡해도 사람의 말과 같지는 않아요. 사람은 말을 이어서 문장을 만들고, 같은 말도 다시 섞어서 새로운 얘기를 하기도 하죠.
하지만 동물들의 신호는 서로 얘기하는 데 쓰이지는 않아요. 신호는 말과 비슷하기도 하지만 또 많이 다르답니다.

동물들의 신호는 단순할 수도 있고, 아주 복잡할 수도 있어요.
사람의 말과는 다르게 보여도, 동물들한테는 조금도 부족하지 않죠.
동물은 자기들만의 신호로 충분히 서로를 이해할 수 있어요.

집으로

겨우 거미를 찾은 지니와 라몽은 얼른 라몽네 집으로 갔어요. 라몽이 지니에게 속삭였어요.

다행히 라몽네 엄마는 보이지 않았어요.
둘은 살금살금 계단을 올라갔죠.

그때 웬 꼬마가 문밖에서 기웃거리는 게 보였어요.

아하, 그 아이는 라몽의 여동생 민지였어요.
이제 갓 세 살이지요.

라몽이 자랑하자, 민지도 감탄하는 눈치였어요.
지니도 뿌듯했지요.

보고 싶은 지니에게

오늘 아침은 날씨가 정말 화창하더구나. 햇빛에 눈이 부셔 눈을 떠 보니 구름 한 점 없는 하늘이 펼쳐져 있었단다. 또 공기는 얼마나 상쾌하던지! 아빠는 여행할 힘이 절로 생겨났지. 하지만 이 멋진 광경을 앞에 두고 바로 일어나기가 싫어서, 조금만 더 있다가 출발하려고 해. 이렇게 우리 사랑스러운 지니에게 편지를 쓰는 시간만큼 좋은 순간이 또 있을까?

사실 어제는 아빠가 좀 피곤했단다. 자동차에 쓸 연료를 얻으려고 간 곳에서 말이 통하지 않았거든. 등산하기 전에 준비할 것들이 많았는데, 이곳 사람들의 말을 도대체 알아들을 수가 있어야 말이지. 여기 위구르 족과 그 밖의 부족들이 모두 중국 사람들이기는 하지만 쓰는 말은 서로 완전히 다르단다. 결국 원하는 것을 찾으러 온 마을을 헤매고 돌아다녔지 뭐니. 밤이 아주 깊어서야 겨우 잠자리에 들 수 있었단다.

그런데 말은 못해도, 사람들을 가만히 쳐다보면 재미있는 일이 일어나더구나. 누구든지 잠시만 눈이 마주치면 곧 환하게 웃는 거야! 정말 '누구든지' 말이야! 말 한마디 주고받지 않아도 그렇게 웃고 나면 무언가 서로 이해한 듯했단다. 기분이 참 좋았지! 서로를 조금이라도 이해하고 나니까 마음이 한결 편안해지더구나.

우리 지니는 세상 사람들이 주고받는 수많은 언어들에 대해 생각해 본 적 있니? 언어가 이렇게 많다는 건 정말 놀라운 일이야. 그런데 이 정도는 동물 세계에서는 아무것도 아니란다. 각자 독특한 방식으로 이야기하는 이 세상 모든 동물들을 생각해 보렴! 생명이 얘기하는 방식은 정말 너무나도 다양하단다. 하늘, 땅, 바다 어디에서든 수많은 생명들이 서로 이야기를 나누고 있지.

이 편지가 도착할 때쯤이면 아빠는 또 다른 곳에 가 있겠구나. 하지만 지니야, 언제 어디서나 아빠는 너와 이야기하고 있다는 걸 잊지 마라!

12월 10일 중국 위구르 지방에서
사랑하는 아빠로부터

동물 연구에서 가장 흥미 있는 분야 중의 하나가 바로 동물의 의사소통이에요. 몸의 특성과 사는 환경에 따라 동물들은 다양한 방법으로 이야기를 주고받아요. 단순한 신호에서부터 사람의 말과 비슷한 신호까지, 자연에서 주고받는 여러 가지 신호들은 폭넓게 연구되고 있답니다.

알면 알수록 재미나는 동물 연구

1

흰발농게는 강화도의 바닷가 갯벌에 살아요. 갯벌에 나가 보면 흰발농게가 암컷을 부르기 위해 열심히 집게발을 흔드는 모습을 볼 수 있지요.

김태원 박사님은 게들의 신호가 달의 주기에 맞춰져 있다는 것을 알아냈어요. 또 농게들이 집게발 외에도 흙집을 지어서 암컷을 부른다는 사실도 밝혀냈지요.

서울대학교의 김태원 박사님 연구 장면

2 어미 갈매기가 새끼에게 먹이를 먹이는 모습은 조금 특이해요. 갓 태어난 새끼 갈매기는 어미 부리에 난 빨간 점을 쪼아 먹이를 얻지요. 과학자들이 실험한 결과, 새끼 갈매기는 빨간 점이 있는 긴 모양의 물체를 보면 쪼아 댔어요. 그런데 놀랍게도 새끼들은 갈매기 모형이 아니라 빨간 점이 있는 기다란 막대를 가장 많이 쪼아 댔지요!

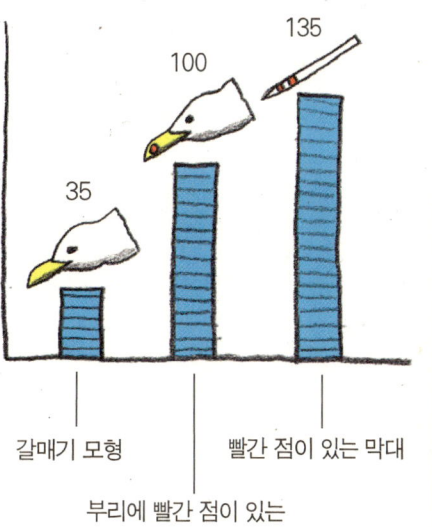

3 버벳원숭이에 대한 연구는, 동물의 의사소통에서 가장 유명한 연구예요. 버벳원숭이는 공격하는 동물의 종류에 따라 다른 소리를 내지요. 과학자들은 그 울음소리들을 녹음한 뒤, 나중에 다시 틀어 줬을 때 원숭이들이 어떤 반응을 보이는지 살폈어요. 오랫동안 연구를 하는 동안 과학자들은 원숭이 한 마리, 한 마리를 구별할 수 있을 정도가 되었답니다!

동부 아프리카 케냐의 암보셀리 국립 공원

작가의 말

여기 할 말 많은 동물들이 있다.

열심히 제 갈 길을 가는 개미, 정신없이 짹짹거리는 새들, 전봇대마다 킁킁 냄새를 맡는 강아지, 다 저마다의 이유가 있습니다. 평범한 이들의 눈에는 동물들이 그저 단순해 보일지도 모르죠. 하지만 그들의 목소리를 들을 줄 아는 사람에겐, 어딜 가더라도 왁자지껄 북적북적 소란스럽기 짝이 없습니다.

작은 생명체 하나라도 풀어낼 얘깃거리가 많습니다. 우리가 말을 걸 수 있다면 어떨까요? 하루하루 먹잇감을 구하기가 어렵다고 투덜대거나, 짝을 못 만난 속사정을 털어놓는 재미있는 상상을 해 봅니다. 특히 지구의 구석구석까지 조금씩 집어삼키고 있는 우리 인간에게 하고픈 말이 유난히 많을지 모릅니다.

모든 동물들에게 말할 기회를 주고 싶었습니다. 우리가 일방적으로 이해했던 그들의 입장을 스스로 설명할 수 있도록 말이지요. 그래서 순수한 지니의 눈을 통해 동물의 세계로 발을 들여놓는 순간, 다양한 모양의 입이 열리고 온갖 종류의 목소리가 들려왔습니다. 동물들을 통해서 우리가 미처 알지 못했던 또 다른 자연을 만나고 이해할 수 있었습니다.

안타깝게도 동물을 소재로 한 어린이 과학만화 중 많은 책들이 몇 가지 신기한 특성을 늘어놓는 데 그치거나, 비전문가에 의해 만들어지고 있습니다. 동물을 징그럽게 묘사하거나 인간이 맞서 싸워야 할 대결 상대로 왜곡시키는 경우도 있

죠. 아이들은 대부분 가장 좋아하는 동물을 통해 자연과 환경에 관심을 가지기 시작합니다. 따라서 자연과 처음 만나기 시작하는 어린이들에게 과학적으로 검증되고 올바르게 전달하는 창을 열어 주는 것이 아주 중요하다고 생각합니다.

저는 어렸을 때부터 항상 꿈꾸던 동물 행동학자가 되기 위해 꾸준히 동물 공부를 해 왔습니다. 지금은 영장류를 연구하고 있으며, 한국에서 최초로 영장류의 서식지인 열대 우림을 직접 찾아 열심히 연구를 하고 있습니다.

「STOP!」시리즈의 모든 동물학적 내용은 이미 발표된 학문적 성과에 근거하여 만들어졌습니다. 동물에 대한 애정과 관심을 바탕으로 하되, 과학적 진정성과 '생명의 이야기'에 대한 사랑을 가지고 아이들에게 다가가고자 했습니다.

이제 모든 아이들의 귀에 동물들의 이야기가 들리길 기대해 봅니다.

자, 그럼 지금부터 스톱!

「STOP!」 만화로 배우는 동물 과학 그림책

동물들이 말을 할 수 있다면 얼마나 좋을까요? 동물들에게 궁금한 걸 직접 물어볼 수 있을 테니까요. 우리의 주인공 지니는 바로 그런 특별한 능력이 있어요. 지니가 "스톱!" 하고 외치는 순간 뻐꾸기가 왜 다른 새의 둥지에 알을 낳는지, 개미가 왜 진딧물을 도와주는지, 비비원숭이의 엉덩이는 왜 빨간지 동물들이 스스로 이야기해 주기 시작한답니다.

이처럼 「STOP!」 시리즈는 동물의 행동과 생태에 관해서 꼭 알아야 할 주제만을 골라 동물들에게 직접 설명을 듣고, 더 나아가 자연과 환경에 대해서도 생각하게 만드는 책이에요. 이 책을 읽다 보면 동물들과 자연환경에 대한 정보와 지식을 누구보다 많이 알 수 있어요. 뿐만 아니라 자연과 사람의 관계, 사람과 동물의 서로 다른 입장을 이해하는 균형 잡힌 생각도 가질 수 있어요.

「STOP!」 시리즈는 총 9권으로 구성되어 있습니다. 1~5권에서는 동물들이 살아가는 방식을 다룹니다. 1권『동물들이 함께 사는 법(공생과 기생)』, 2권『동물들의 가족 만들기(짝짓기와 생식)』, 3권『동물들이 이야기하는 법(신호와 의사소통)』, 4권『동물들의 먹이 사냥(먹이 사슬)』, 5권『동물과 더불어 살기(동물 이웃)』로 나누어져 있어요. 6~9권에서는 환경 문제가 동물들에게 어떤 영향을 주는지 알아봅니다. 6권『환경을 살리는 건강한 먹을거리(식량 생산이 생태계에 미치는 영향)』, 7권『사라지는 열대 우림 구하기(생활용품과 밀림의 관계)』, 8권『더워지는 지구 지키기(지구 온난화)』, 9권『세계 환경 회의와 동물 대표(환경 보호)』로 나누어져 있어요.

이 시리즈를 읽으면 동물들이 왜 특이한 행동을 하고, 환경의 파괴로 얼마나 고생하고 있는지 알 수 있습니다. 이제부터 집 뒤뜰의 뻐꾸기 둥지에서부터 남아메리카 아마존의 울창한 열대 우림까지, 전 세계 구석구석으로 신나는 동물 탐험을 떠나 볼까요?